ALLOCUTION

PRONONCÉE

DANS L'ÉGLISE DE SAINT-DÉSERT

LE 3 AOUT 1898

A LA CÉRÉMONIE DU MARIAGE

DE

M. P. SARROT ET DE Mlle M. BENOIST

Monsieur,
Mademoiselle,

Ce que nous voyons de la terre et des cieux, la multitude et l'immensité des mondes, l'harmonie de leurs mouvements, la lumière que nous donnent les astres, les richesses inépuisables qui germent sous nos pas, toutes ces splendeurs mille fois décrites et toujours nouvelles provoquent notre admiration dès que nous les contemplons un instant, nous ravissent jusqu'à l'extase si nous nous arrêtons à les méditer.

Et cependant il y a quelque chose de plus beau et de meilleur que ce grand spectacle, c'est l'homme et la femme lorsque Dieu les met en présence l'un de l'autre, les bénit et leur confie la mission de multiplier sa créature aimée, celle à qui il a donné le premier rang après les anges.

L'œuvre des six jours avait été la mise en action de la puissance divine; l'institution du mariage en fut la délégation. En donnant à Adam et Ève sa bénédiction, la première qui soit mentionnée dans nos saints Livres, Dieu constitua une seconde trinité, faite à l'image de la Trinité sainte, indivisible comme elle, la trinité humaine composée du père, de la mère, de l'enfant, et qui se nomme la famille. L'enfant pourra bien, souvent même devra s'éloigner plus tard de ce foyer de force et d'amour pour s'en aller former, à son tour, une autre trinité; mais tout en le quittant, il ne s'en détachera point, pas plus que le Verbe de Dieu ne se détacha du Père et de l'Esprit-Saint lorsqu'il se fit chair et habita parmi nous pour fonder son Église et former avec cette épouse sans tache de nouveaux héritiers du ciel.

Il semble que cette intervention divine dans la vie intime et dans l'édification du bonheur de l'homme aurait dû laisser dans son âme un souvenir impérissable et entretenir, de génération en génération, une infinie reconnaissance. Il n'en fut pas ainsi ; les esprits s'obscurcirent, les cœurs devinrent durs et, pendant de longs siècles, les époux n'entendirent plus rien aux délicatesses d'amour, de respect et de fidélité qu'ils se doivent réciproquement.

Notre-Seigneur vint et proclama de nouveau l'unité et l'indissolubilité du lien conjugal. Il releva la dignité de l'homme et de la femme en complétant l'institution déjà sainte du mariage ; il la consacra par cette grâce de choix que Dieu seul peut accorder, dont l'Église seule est la dépositaire et la dispensatrice et qui s'appelle du nom sept fois auguste de Sacrement.

Dès lors, le jeune chrétien et la jeune chrétienne peuvent se donner la main et le cœur en toute assurance. Qu'ils ne s'inquiètent pas trop des lois humaines et de leurs capricieuses variations. Quelles que soient les forces matérielles ou d'opinion égarée que ces lois puissent avoir momentanément à leur service, elles ne sauraient prescrire contre la parole et la volonté de Dieu. Quand deux créatures ont reçu, de droit divin, le devoir de s'aimer et d'être unies éternellement, ceux qui jalousent leur bonheur ou n'en comprennent pas les conditions pourront s'agiter et légiférer dans le but de le compromettre et de le détruire, ils n'auront jamais le pouvoir de les séparer : *Quod Deus cunjunxit homo non separet.*

Pour remplir ce devoir dans toute son étendue, pour s'aimer et rester unis toujours, l'homme et la femme n'ont qu'à rester fidèles à la grâce qui se répand en eux le jour où leur union est consacrée, grâce tellement abondante et féconde qu'elle finirait par suffire à deux, lors même qu'un seul en posséderait le trésor : « L'homme infidèle est sanctifié par la femme fidèle, et la femme infidèle est sanctifiée par l'homme fidèle. » C'est saint Paul qui nous le dit. Si je rappelle cette parole qui ne s'applique point ici, tant s'en faut, c'est pour mettre en relief les espérances, disons plus, les garanties peu ordinaires de félicité qui se dégagent de cette fête. Vos deux âmes sont chrétiennes, que

Dieu en soit loué! Ce ne sont pas seulement les bénédictions reçues par l'une qui vont enrichir l'autre, ce sont les bénédictions qui vont s'augmenter et se fortifier par d'autres bénédictions, *benedictiones confortatæ sunt benedictionibus,* accroissant ainsi l'apport de vos richesses surnaturelles.

Vous êtes resté fidèle, cher Monsieur, aux bons principes de votre famille appuyés, nous le savons, par de bons exemples. Vous ne serez pas trop surpris, je pense, de m'entendre dire ici qu'on a voulu, avant de recevoir votre première visite dans la maison où maintenant vous allez être chez vous, savoir qui vous étiez. « Il est rare, nous ont répondu avec beaucoup de sagacité vos maîtres vénérés, que l'on n'ait pas à faire quelques réserves, quand il s'agit de donner des renseignements à propos d'un mariage. Cette fois, par exception, on peut tout dire parce que tout est bon. » Remerciez Dieu et vos maîtres pour cet excellent témoignage, comme vous remerciez en silence ce père qui est à vos côtés et qui reçoit déjà la récompense de tout ce qu'il a fait pour vous, comme vous remerciez aussi, j'en suis sûr, la pieuse mère qui vous sourit du haut du ciel.

Quant à vous, chère enfant, qui commencez à trembler dans la crainte d'entendre votre éloge, rassurez-vous, je serai discret. Aussi bien, que pourrais-je dire à cette assemblée d'élite du cadre de foi, de charité et d'honneur dans lequel vous avez grandi, sans risquer d'affaiblir ma propre pensée et de me faire l'écho trop imparfait de ce que répètent, soit dans notre ville de Chalon, soit dans cette hospitalière paroisse de Saint-Désert, tous ceux qui savent seulement le nom que vous portez et, à plus forte raison, ceux qui ont eu le privilège de voir de plus près combien tendre, intelligente et ferme a été la vigilance préservatrice dont vous avez été constamment entourée?

Au fond des vallées norvégiennes que Dieu m'accordait la faveur de visiter il y a quelques jours et d'où je songeais à revenir pour vous, après avoir marché entre des monts abrupts et couverts de neiges, le voyageur est tout surpris et content de se trouver soudainement en présence d'un beau lac transparent, alimenté par des sources qui descendent de toutes parts, le long des rochers, et qui serpentent, avant de se donner au lac pur, à travers de riantes campagnes, pleines de soleil, de paix et de verdure.

Ce paysage est symbolique. Les champs fertiles qui donnent à profusion fleurs et moissons, c'est l'image de la famille telle que vous allez la former, de la famille chrétienne où la vie se développe et se multiplie à l'abri des orages, dans la paix d'une bonne conscience, sous le soleil d'une affection sans cesse rajeunie. Les murailles rocheuses, vainement arrosées, qui entourent ces coins de terre bénis, c'est le monde au milieu duquel vous êtes appelés à vivre, le monde avec ses endurcissements dans le mal, ses ignorances du bien, ses aspérités qui blessent, ses gouffres qui donnent le vertige et sa navrante stérilité. Les sources qui descendent des hauteurs, ce sont les prières ferventes qui vous arrivent de tous côtés, prières de parents, de prêtres, d'amis dévoués qui, par leurs sentiments, leurs travaux, leurs aspirations, demeurent au-dessus du monde.

Parmi ces sources n'en distinguez-vous pas une qui fait peu de bruit mais qui est plus limpide que toutes les autres ? Elle descend jusqu'à vous d'un sommet bien blanc et bien rapproché du ciel, de la chère montagne de saint Dominique. Oh! qu'elle est claire et bienfaisante! Elle ne tarira pas, et lorsque l'atmosphère de la vie, plus lourde à certaines heures, pèsera sur vous et vous fatiguera, c'est encore elle qui vous rafraîchira et vous rendra courage. Sûrs d'un tel secours, comment pourriez-vous ne point regarder l'avenir avec une pleine assurance?

Et maintenant, j'ai fini de parler; il ne me reste plus qu'à recevoir vos serments, à les bénir et à prier. Vos deux cœurs ont été faits l'un pour l'autre; il est bon, il est temps qu'ils soient définitivement l'un à l'autre.

CHALONS-S
Imprimerie JEANNE D'ARC